VENTE DES 6 ET 7 MAI 1898

ESTAMPES

ÉCOLES ANGLAISE ET FRANÇAISE

DU XVIIIᵉ SIÈCLE

PIÈCES IMPRIMÉES EN NOIR ET EN COULEUR

———◦◇◦———

Mᵉ MAURICE DELESTRE
Commissaire-Priseur
5, RUE SAINT-GEORGES, 5

M. A. DANLOS
Marchand d'Estampes
15, QUAI VOLTAIRE, 15

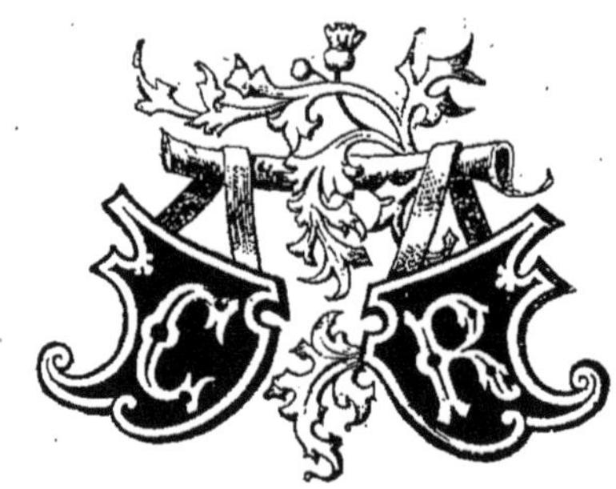

CATALOGUE

D'UNE BELLE COLLECTION

D'ESTAMPES

PRINCIPALEMENT DES

ÉCOLES ANGLAISE ET FRANÇAISE

DU XVIIIe SIÈCLE

PIÈCES IMPRIMÉES EN NOIR ET EN COULEUR

ORNEMENTS

PIÈCES HISTORIQUES

DONT LA VENTE AUX ENCHÈRES PUBLIQUES

AURA LIEU

Hôtel des Commissaires-Priseurs, rue Drouot, 5

SALLE N° 8

Les Vendredi 6 et Samedi 7 Mai 1898

A 2 HEURES TRÈS PRÉCISES

Par le ministère de Me **MAURICE DELESTRE**, commissaire-priseur

5, RUE SAINT-GEORGES

Assisté de M. **A. DANLOS**, marchand d'estampes

15, QUAI VOLTAIRE

CONDITIONS DE LA VENTE

Elle sera faite au comptant.

Les acquéreurs paieront cinq pour cent en plus des enchères applicables aux frais.

M. A. Danlos, chargé de la direction de la vente, se réserve la faculté de rassembler ou de diviser les lots.

ORDRE DES VACATIONS

Vendredi 6 Mai . . . . Nos   1 à 241

Samedi   7 — . . . .   242 à fin.

ESTAMPES

ALIBERT (A Paris chez).

1. *Seraphinia Felichiani*, comtesse *de Cagliostro*. — Mlle *Oliva*. Deux
   portraits in-4 se rapportant à l'affaire du Collier.
   Belles épreuves, la première pièce est en couleur, la seconde à l'état
   d'eau-forte.

ALIX (P.-M.).

2. *Baptiste aîné*, en buste, représenté dans son rôle de Robert, chef
   de brigands; en dessous une vignette représentant la scène IX
   du quatrième acte de la pièce du même nom.
   Superbe épreuve en couleur. Marge.

3. *P.-L. Dubus Préville*, dans une bordure, reposant sur un cartouche,
   où il est représenté dans trois de ses principaux rôles. In-4.
   Superbe épreuve en couleur. Marge.

ALMANACHS.

4. 1666. « Les Exercices de Monseigneur le Dauphin présenté à
   Leurs Majestez par la Déesse des sciences. » *A Paris, chez de
   Poilly.*
   Très belle épreuve, quelques déchirures.

5. 1674. « La fameuse Conqueste de Louys le grand par la prise
   de l'importante ville de Maestrick. » *A Paris, chez P. Bertrand.*
   Très belle épreuve.

6. 1874. « La Prise de la ville de Maestricht par Louis XIIII Roy de
   France et de Navarre en treize jours de tranchées ouvertes
   dans l'an 1673. » *A Paris, chez Gérard Edelinck.*
   Très belle épreuve. Rare.

7. 1686. « Louis le grand, la terreur et l'admiration de l'univers. »
   A Paris, chez N. Langlois.

   Très belle épreuve, quelques légères déchirures.

8. 1689. « Philisbourg assiégé par Mgr le Dauphin le Xeme d'octobre
   1688, » etc. *A Paris, chez N. Langlois.*

   Très belle épreuve, quelques déchirures.

9. 1692. « La Prise de Mons, capitale du Hainault, par le roi en Per-
   sonne le VIII avril. » *A Paris, chez N. Langlois.*

   Très belle épreuve, quelques déchirures.

10. 1698. « La Cérémonie du Mariage de Monseigneur le Duc de
    Bourgogne avec Madame la Princesse de Savoie, dans la cha-
    pelle de Versailles, le 7 décembre 1697. » Partie supérieure
    d'un almanach des plus intéressants et comme portraits et
    comme costumes.

    Très belle épreuve.

AMÉRIQUE (Pièces sur l').

11. Déclaration de l'Indépendance. Grand médaillon ovale; lithogra-
    phié, où le portrait de Whasington, formé par l'accentuation et
    la disposition des lettres se voit, comme à travers un voile,
    dans le texte; tout autour, dans des médaillons, les armes de
    tous les États de l'Union.

    Rare.

BARTOLOZZI (F.).

12. *Catherine II empress of Russia*, en pied, d'après M. Bénédette,
    1785. In-fol.

    Très belle épreuve avec marge. Rare.

13. Jeune fille tenant une colombe sur son doigt. Très jolie pièce,
    gravée au pointillé d'après H. Ramberg et publiée à Londres
    en 1788.

    Très belle épreuve en couleur. Rare.

14. Petite fille entourant le cou de sa chèvre d'une guirlande de
    fleurs. Très jolie petite pièce, de forme ovale, gravée au poin-
    tillé.

    Très belle épreuve avant toutes lettres, imprimée en bistre.

BAUDOUIN (P.-A.).

15. Le Carquois épuisé, par N. de Launay (E. B. 11).

    Superbe épreuve avant la lettre, avant les armes et avant les change-
    ments dans la tablette inférieure.
    Très rare.

16. Le Chemin de la fortune, par Voyez Major (14).
Très belle épreuve:

17. Le Coucher de la mariée, gravé à l'eau-forte par J.-M. Moreau et terminé au burin par Simonet (16).
Très belle épreuve avec une grande marge.

18. La même estampe.
Bonne épreuve.

19. Le Curieux, par Maleuvre (17).
Très belle et rare épreuve avant la lettre. Marge.

20. Le Danger du tête-à-tête, par Simonet (18).
Très belle épreuve.

21. Le Matin. — Le Midi. — Le Soir. — La Nuit. Suite de quatre pièces gravées par de Ghendt (32, 33, 35 et 46).
Très belles épreuves.

22. Le Modèle honnête, par J.-B. Simonet (34).
Très belle épreuve.

BEAUVARLET (J.-F.).

23. Mme de Pompadour. In-4.
Très belle épreuve. Rare.

BENAZECH (C.).

24. Le Couronnement de la Rosière.
Très belle épreuve imprimée en couleur, tachée.

BENSWELL (D'après J.-H.).

25. *The Children in the Wood.* Jolie pièce ovale gravée, les figures, par Scharp et le paysage par W. Byrne et Medland.
Très belle épreuve avec toute sa marge.

26. *Orange girl,* par P.-L. Legrand.
Très belle épreuve imprimée en couleur. Toute marge.

27. *Cupid's revenge.* Petit médaillon ovale, gravé par Bartolinii.
Très belle épreuve imprimée en rouge.

BÉRICOURT.

28. Le Vigneron achalandé, ou Ramponeau en fortune. Pièce rare, gravée à l'eau-forte.
Belle épreuve légèrement coloriée.

BIGG (D'après W.).

29. *Cottage family, Sunday morning, going to church.* Grande et jolie composition en largeur, gravée par W. Nutter.

    Très belle épreuve tirée en bistre.

BOILLY (D'après L.).

30. L'Amant musicien, par J.-P. Lévilly.

    Très belle et rare épreuve avant la lettre, en couleur.

31. La même estampe.

    Très belle épreuve en couleur.

32. L'Amitié filiale. — Le Sommeil de l'innocence. Deux grandes pièces, faisant pendants, gravées par H. Texier.

    Très belles épreuves. Rares.

33. Avant la toilette, par Petit.

    Très belle épreuve avant la lettre.

34. Les Conseils maternels. — L'Évanouissement. Deux pièces, faisant pendants, gravées par Tresca.

    Très belles épreuves.

BONNET (L.-M.).

35. Le Bain, d'après Jollain.

    Très belle épreuve imprimée en couleur.

36. Portrait de Mlle Vanloo, d'après C. Vanloo, son père. In-fol.

    Superbe épreuve imprimée à la sanguine. Toute marge.

BONNET (A Paris, chez).

37. La Bourgeoise économe. — La Cuisinière rusée. Deux très jolies petites pièces faisant pendants.

    Très belles épreuves en couleur. Rares.

38. La Fidélité. Petite pièce de forme ovale.

    Belle épreuve. Sans marge.

39. La Promesse de fidélité, d'après Huet?

    Très belle épreuve imprimée en couleur.

BOREL (Par et d'après A.).

40. Le Bacanal, gravé à la manière du lavis.

    Très belle épreuve avec une grande marge. Rare.

BOREL (D'après A.).

41. L'Abandon voluptueux, par Dennel.
   Très belle épreuve avant toutes lettres, signée du graveur.

42.
76. L'Amour envolé, par F. Regnault.
   Très belle épreuve sans marge.

43. L'Innocence en danger, première estampe de la suite de la paysanne pervertie, gravé par F. Huot, 1792.
   Très belle épreuve.

BOSIO (D'après D.).

44. L'Escamoteur, par Ruotte.
   Superbe épreuve coloriée, elle est de la plus grande fraîcheur.

BOSSE (AB.).

45. Les Vierges sages et les Vierges folles. Suite de sept pièces. (G. D., 43-49).
   Superbes épreuves du premier état. Très grandes marges.

46. Les Œuvres de Miséricorde. Suite de sept pièces (50-56).
   Superbes épreuves. Très grandes marges.

47. Cérémonie observée au contrat de Mariage passé à Fontainebleau..... entre Uladislas IV et Louise-Marie-de-Gonzague, le 25e jour de septembre 1645 (1223).
   Très belle épreuve.

48. La Joye de la France (1226).
   Très belle épreuve.

49. Le Mariage à la Campagne. Suite de trois pièces (1380-1382).
   Très belles épreuves.

50. Le Peintre. — Le Sculpteur. — Le Graveur et l'Imprimeur. Suite de quatre pièces (1385-1388).
   Superbes épreuves. Très grandes marges.

51. Le Maître et la Maîtresse d'école (1389-1390).
   Très belles épreuves. Très grandes marges.

BRACQUEMOND (F.).

52. Le Jars (211).
   Très belle épreuve sur papier du Japon. Rare.

BRADEL (B.)

53. Portrait du chevalier d'*Eon de Beaumont*, en femme. In-fol.
    Très belle épreuve avec marge.

BOUCHER (D'après F.)

54. La Fécondité. — Pensent-ils aux raisins? Deux pièces gravées par Gaillard et Le Bas.
    Rares épreuves à l'état d'eau-forte.

55. Femme nue vue de face et assise, gravé par Bonnet.
    Très belle épreuve avant toutes lettres, tirée à la sanguine.

56. Le Pasteur galant, par Laurent.
    Très belle épreuve avec toute sa marge.

57. Le Sommeil. — Le Réveil. — Deux pièces, faisant pendants, gravées par Huquier.
    Très belles épreuves. Rares.

58. Vénus et les Amours, par Gaillard.
    Superbe et rare épreuve avant la lettre.

59. Vénus sur les Eaux, par Lempereur.
    Superbe et très rare épreuve avant toutes lettres. Grande marge.

60. Vénus couronnée par les Amours, gravé aux deux crayons, par Demarteau.
    Très belle épreuve.

61. L'Éducation de l'Amour (24). — Ariane (117). — Tête de jeune fille, vue de profil (155). — Jeune Femme, la tête couverte d'un voile (156). Quatre pièces gravées à la sanguine et à plusieurs crayons par Demarteau.
    Très belles épreuves.

62. Livre d'Académies dessinées d'après le naturel, par F. Boucher, peintre du Roi, gravées par de La Rue. Suite de douze pièces dont nous ne possédons que onze (manque le n° 9).
    Très belles épreuves avec toutes leurs marges. Rares.

63. Triomphe de Pomone, cartouche en hauteur gravé par Cochin.
    Superbe épreuve avant toutes lettres.

64. Livre de cartouches inventés par F. Boucher, peintre du Roi. *A Paris, chez Huquier.* Suite de douze pièces, très rare à trouver complète.
    Très belles épreuves avec de grandes marges.

BOUCHER ET AUTRES (D'après).

65. Études d'amours. — Chinoiseries, etc. Dix-huit pièces.
Belles épreuves.

BUCKE (D'après A.).

66. Miss *Bloomfield*, en pied, par T. Cheesman.
Belle épreuve tirée en bistre. Grande marge.

67. *The chevalier d'Eon*, en officier, gravé à la manière noire, en
1771, d'après Huquier. In-fol.
Très belle épreuve. Rare.

BUNBURY (D'après H.).

68. *As you like it*, par C. Knight.
Très belle épreuve, tirée en bistre. Rare.

CARESME (D'après P.).

68 bis. La Culbute imprévue, par J. Morret.
Très belle épreuve imprimée en couleur.

69. La Danse champêtre. — Les Plaisirs champêtres. Deux pièces,
faisant pendants, gravées par Wossinik.
Très belles épreuves imprimées en couleur.

70. Bacchanale, gravé aux deux crayons par Demarteau. N° 542.
Très belle épreuve.

CARICATURES.

71. Les Plaisirs et les Désagréments de vélocipèdes et des chevaux
onferes. — Poisson aérostatique enlevé à Plazentia, en Espagne,
le 10 mars 1784.
Deux pièces curieuses. Coloriées.

72. Suprême bon ton. — Caricatures parisiennes. — Musée gro-
tesque, etc. Vingt-huit pièces.
Très belles épreuves coloriées.

73. Grisettes. — Récréations. — Distractions, etc. Dix-huit pièces,
par Henri Monnier.
Anciennes et belles épreuves coloriées.

CARMONTELLE (D'après L.-C. de).

74. Jeune Femme assise et brodant. Gravé par Demarteau, n° 336.
Superbe épreuve tirée à la sanguine. Toute marge.

CARRÉE

75. **Vue perspective de la fontaine des Innocents, 1790.**
Très belle épreuve imprimée en couleur.

CHALLE (D'après M.-A.).

76. **Les Espiègles, par Descourtis.**
Très belle épreuve imprimée en couleur.

77. **Le Repos interrompu, par Vidal.**
Très belle épreuve en couleur.

78. **La Saison des amours, par A. Legrand.**
Très belle épreuve imprimée en couleur.

CHAPUY (J.-B.).

79. **Vue de l'entrée des Thuileries et des bâtiments de la place de la Concorde.**
Très belle épreuve en couleur.

CHARDIN (D'après J.-B. Siméon).

80. **Les Amusements de la vie privée, par Surugue (E. B. 1).**
Très belle épreuve avec toute sa marge.

81. **L'Aveugle, par Surugue fils (4).**
Très rare épreuve avant toutes lettres, non entièrement terminée.

82. **La même estampe.**
Superbe épreuve. Grande marge.

83. **La Blanchisseuse, par C.-N. Cochin (6).**
Très rare épreuve à l'état d'eau-forte pure.

84. **L'Œconome, par J.-Ph. Le Bas, 1754 (39).**
Très belle épreuve avec toute sa marge. Tachée.

COCHIN (D'après C.-N.).

85. **La Petite Charrière, en couches. Gravé à l'eau-forte par Saint-Non.**
Très belle épreuve.

86. **Tombeau du Maréchal de Saxe, d'après Pigalle ; dessiné et gravé à l'eau-forte par Cochin, terminé par Dupuis.**
Deux épreuves dont l'une, très rare, est à l'état d'eau-forte.

COLINET.

87. La Comtesse Amélie de Boufflers, assise sur un banc de gazon et
tenant un livre à la main.

   Très belle épreuve en couleur.

CONDÉ (J.).

88. Mlle *Helisberg*, dans le ballet du Jaloux puni, d'après de Janvry.
In-4.

   Superbe et rare épreuve avant toutes lettres.

COSSE (D'après).

89. *The family distress occasioned by the loss of a child. — The fami-*
ly's hapiness restored by their childs return. Deux pièces, faisant pendants, gravées par Clément.

   Très belles et rares épreuves imprimées en couleur, piquées d'humidité.

COSTUMES. — COIFFURES.

90. Dame de qualité en grand habit. — Polonoise garnie de gaze et
bonnet à la laitière. — Habillement d'hyver galant. — Robe
de cour, habit du matin. Cinq jolies petites pièces gravées
d'après Desrais et publiées chez la Vre Avaulez.

   Très belles épreuves. Toutes marges.

91. *An opera Girl of Paris in a full dress. — An opera Girl of Paris,*
in a morning dress. Deux petites pièces intéressantes comme
costumes, gravées par Cadwell, 1773, d'après Brandoin.

   Très belles épreuves.

92. Les Billets réciproques. — La Déclaration d'amour. — Le Tar-
tare et la Chambrière. — L'Abbé galant. Quatre jolies petites
pièces gravées d'après Desrais en 1779, et publiées chez
Bonnet.

   Très belles épreuves en couleur.

93. Jeunes femmes en bustes, trois petits médaillons imprimés sur
une même feuille. Jolie petite pièce publiée chez Esnauts et
Rapilly.

   Très belle épreuve imprimée en couleur.

94. Coiffure à la galanterie. — Coiffure à la royale. — Coiffures du
règne de Louis XV, quatre pièces sur une même feuille, etc.
Ensemble sept pièces.

   Très belles épreuves; six sont en couleur.

95. **Incroyables et Merveilleuses.** Huit pièces gravées par Gatine, d'après H. Vernet (nᵒˢ 3, 5, 8, 9, 10, 11, 15 et 23 de la suite).
Très belles et rares épreuves en couleur. Marges.

96. **Merveilleuse vue de dos.**
Très belle épreuve en couleur, marge.

97. **Jeune Femme debout mettant ses gants.** — Jeune Femme courant après un papillon. — Jeune Femme assise sur un sofa. Trois très jolis petits dessins au lavis d'encre de Chine, intéressants comme costumes empire.

98. **Costumes de Paris.** Dix pièces gravées par Gatine, d'après Lanté.
Très belles épreuves coloriées.

COSTUMES MILITAIRES.

99. **Combats de cavalerie.** Huit pièces dessinées et gravées par Rowlandson.
Très belles épreuves en couleur. Très rares.

100. *Expedition of or military fly.* — *Sadlers flying artillery.* — Deux pièces dessinées et gravées par Rowlandson.
Très belle épreuves en couleur. Très rares.

101. **Armée anglaise en campagne,** publié à Vienne chez Artaria.
Très belle épreuve en couleur, marge. Très rare.

102. *An officier of cuirassiers leading on his troops.* — *Saxon draagons patroling in a storm.* — *A reconnaitring party of austrian dragoons retreating from the enemy.* Trois importantes et belles pièces, gravées par C. Bluke et Ziegler, d'après C. Gessner.
Très belles épreuves en couleur. Très rares.

103. **Combats de cavalerie et d'infanterie.** Cinq pièces gravées à la manière noire par C. Ziegler, d'après Gessner, et publiées à Londres chez Akerman en 1801.
Très belles épreuves. Rares.

104. **La Revue du Général.** — Costumes français et étrangers. Huit dessins au lavis d'encre de Chine et à l'aquarelle, par Hausen, Reistrup et Dupendant.

105. **Souvenirs des Armées françaises.** Huit pièces lithographiées par Ch. Aubry.
Très belles épreuves.

COSWAY (D'après R.).

106. *Thè Rᶜ Honᵇˡᵉ Elizabeth Dowager, Lady Lyttelion*, 1795, par Ch. Townley. In-8.
Belle épreuve.

COURTRY (Ch.).

107. Portrait de Mlle *Guimard*, d'après le tableau ayant appartenu à M. de la Beraudière.

Très belle épreuve avant la lettre, sur papier de Chine, dite de remarque.

COUTELLIER (S.).

108. *Carlin Bertinazzi*, de la Comédie Italienne. In-4.

Très belle épreuve imprimée en couleur, du premier tirage : avant toute retouche et montée en dessin.

109. Mme *Julien*, de la Comédie Italienne.

Très belle épreuve imprimée en couleur. Grande marge.

110. *Joseph Menier*, de la Comédie Italienne.

Très belle épreuve imprimée en couleur du premier tirage : avant toute retouche et montée en dessin.

DEBUCOURT (P. L.).

111. Les Deux Baisers, 1786.

Belle épreuve imprimée en couleur ; elle est fraîche et a une petite marge. Cadre ancien, bois noir et filets or.

112. L'Escalade ou les Adieux du matin, 1787.

Bonne épreuve imprimée en couleur. Cadre ancien ; bois noir et filets or.

113. Les Visites, pièce publiée le 1er jour du XIXe siècle.

Belle épreuve en couleur.

114. La Coquette et ses filles, ou la Mère à la mode, 1803.

Superbe épreuve en couleur, toute marge. Très rare de cette qualité.

115. Le Gastronome affamé. — La Fin du gastronome. — Le Gastronome sans argent. — Le Gastronome en jouissance. Suite de quatre pièces, les deux dernières sont gravées d'après C. et H. Vernet.

Très belles épreuves anciennement coloriées.

116. Il n'y a pas de fumée sans feu, d'après C. Vernet.

Très belle épreuve en couleur.

117. Les Anglais à Paris. — Militaires écossais. Deux pièces d'après C. Vernet.

Très belles épreuves en couleur.

118. Militaires écossais. — Officiers prussiens. — Rencontre d'officiers anglais. — Le Kalmuck. — Mameluk porte-étendard. — Officier de dragons danois. [Cinq pièces gravées d'après C. Vernet.

Belles épreuves en couleur.

119. Rencontre d'officiers anglais. — Marche d'officiers anglais. —
Deux pièces gravées d'après C. Vernet.

Très belles épreuves en couleur.

DEMARTEAU ET AUTRES.

120. Pastorales. — Études. — Académies, etc. Quatre-vingt-cinq
pièces gravées à l'imitation du crayon, d'après Boucher, Greuze,
Vanloo, etc.

Très belles et très fraîches épreuves tirées à la sanguine.

DENON (Bⁿ VIVANT).

121. *Celeste Cottelini*, médaillon ovale équarri.

Très belle et rare épreuve avant toutes lettres d'une jolie petite pièce
gravée à l'eau-forte. Grande marge.

DESCOURTIS (Cʜ. M.).

122. *F. J. Wilhelmine de Prusse*, princesse d'Orange et de Nassau.
1791, d'après Hentzi. In-fol.

Très belle épreuve imprimée en couleur.

DOWNMAN (D'après J).

123. *Edwin & Emma*. Deux grandes et jolies pièces en largeur, faisant pendants, gravées par J. Young, et publiées à Londres
par Young, le 30 septembre 1789.

Très belles et très rares épreuves imprimées en couleur. Marges.

DUGOURE (D'après J.-D.).

124. Le Lever de la Mariée, par Triere.

Belle épreuve avec marge.

EARLOM (R.).

125. *Colonel Mordaunt's cock match*, grande pièce en largeur, gravée
à la manière noire, d'après J. Zoffany.

Très belle épreuve.

126. *Their most sacred majesties Georges the 3ᵈ and queen Charlotte.*
Grande pièce en largeur, gravée à la manière noire, d'après
Zoffany, 1770.

Très belle épreuve, quelques trous de vers.

127. *The fig*, gravé à la manière noire, d'après Rubens.

Très belle épreuve.

128. *Smugglers defeated.* Grande pièce en largeur, gravée à la manière noire, d'après F. Bourgeois.

    Très belle épreuve.

ÉCOLE ANGLAISE (XVIIIᵉ SIÈCLE).

129. Le Courageux Ami : Un serpent s'étant glissé dans le berceau d'un enfant que sa mère, effrayée, tient dans ses bras, est étranglé par leur chien. Jolie pièce gravée au pointillé.

    Très belle épreuve avant toutes lettres, en couleur.

130. Miss *Lewis.* — Duchesse *de Hamilton*, etc. Quatre pièces, dont deux en réduction, gravées à la manière noire, d'après Reynolds, Liotard et autres artistes.

    Belles épreuves, une est coloriée.

ÉCOLE FRANÇAISE (XVIIIᵉ SIÈCLE).

131. Les Amants heureux. Deux petites pièces, de forme ovale, faisant pendants.

    Très belles épreuves avant toutes lettres, imprimées en bistre.

132. La Bergère des Alpes, petit médaillon ovale gravé au pointillé.

    Très belle épreuve en couleur.

133. La Curieuse? petite pièce grivoise de forme ovale.

    Très belle épreuve avant toutes lettres. Toute marge.

134. Vie de Saint Vincent de Paul. Onze pièces gravées d'après les tableaux de De Troy, Galloche et Restout.

    Très belles épreuves.

135. Renonciation d'Absalon et de David. — La Virilité. — La Coquette de village. —Suzanne et les deux vieillards, etc. Douze pièces par et d'après G. de Saint-Aubin, Gillot, Lancret et autres artistes.

    Très belles épreuves, plusieurs sont avant la lettre et à l'état d'eau-forte.

136. Marmontel. — Métastase. — Prince et princesse de Montbarrey. — Louis XVI. — Wille fils. — Brard de Saint-Omer, etc. Quinze portraits in-8, in-4, et in-fol.

    Très belles épreuves.

ÉCOLE ITALIENNE (XVIIIᵉ SIÈCLE).

137. Une jeune femme assise sur un banc, placé sous le péristyle d'un palais, joue de la harpe; un jeune homme, dissimulé derrière une statue, l'écoute attentivement. Grande pièce en largeur gravée à la manière noire.

    Belle épreuve avant la lettre..

EDELINCK (N.).

10 — 138. *Sévigné* (Mme de Rabutin-Chantal, marquise de), d'après Nanteuil. In-8.
  Très belle épreuve.

EISEN (Par et d'après C.).

3, 50 139. Les Trois Grâces, projet de fontaine. Eau-forte originale du maître.
  Très belle épreuve. Marge.

49 — 140. Les Sens, sous les figures de jeunes femmes nues, en bustes, dans des médaillons ovales. Suite de cinq pièces gravées aux deux crayons par Bonnet.
  Très belles épreuves. Rares à trouver réunies.

FALCONET (D'après).

40 — 141. *Miss Brown*, par V. Green.
  Superbe épreuve avant la lettre. Marge.

FATOU (A Paris, chez).

32 — 142. La Mère intéressante.
  Très belle épreuve en couleur.

FISHER (Ed.)

9 — 143. *William, Earl of Chatam,* en pied, gravé à la manière noire, d'après Brompton. In-fol.
  Très belle épreuve. Sans marge.

FLAMENG (L.).

21 144. La Source. — Angélique. Deux pièces gravées d'après Ingres.
  Très belles épreuves avant la lettre, sur Chine.

FRAGONARD (D'après H.).

32 145. L'Amant préféré? Composition de dix personnages ayant la même disposition que les Beignets, l'éducation fait tout, etc. pièces auxquelles elle était destinée à faire suite.
  Épreuve à l'état d'eau-forte.

13 — 146. L'Armoire, par Coron.
  Très belle épreuve avec toute sa marge. Rare.

147. La Chemise enlevée, par E. Guersant.

Très belle épreuve avec toute sa marge.

148. La Déclaration. — Le Serment. Deux pièces, faisant pendants,
gravées par Bervic.

Bonnes épreuves avec l'adresse de Marel. Grandes marges.

149. L'Éducation fait tout, par N. de Launay.

Très belle épreuve.

150. Fleuron pour les *Contes* de La Fontaine, édition de Didot
l'aîné.

Très belle épreuve imprimée en couleur. Toute marge.

151. La Gimblette, par Hemery.

Superbe et rare épreuve avant toutes lettres et avant la draperie.

152. Ma Chemise brûle, par Legrand.

Superbe épreuve avant toutes lettres, le coin droit de la marge infé-
rieure a été refait.

153. Le Verrou, par Blot.

Très belle épreuve.

FRAGONARD ? (D'après H.).

154. Un Génie, une couronne de lauriers à chaque main, se dispose
à couronner le buste de Franklin, posé sur le globe terrestre,
au point où se trouve l'Amérique. Composition allégorique
gravée à la manière du lavis.

Belle épreuve, sans marge.

FREUDEBERG (D'après J.).

155. Les Confidences, par C.-L. Lingée.

Très belle épreuve.

156. L'Événement au bal, par Duclos.

Très belle épreuve. Toute marge.

157. La Toilette. Jolie petite pièce ovale, gravée au pointillé.

Très belle épreuve en couleur.

GAINSBOROUGH (D'après).

158. *The cottage Girl.* Grande pièce gravée au pointillé.

Très belle épreuve en couleur.

GARNERAY (D'après L.).

159. Promenades aériennes : jardin Beaujon, par Lerouge.
Très belle épreuve coloriée.

GAUCHER (Ch.).

160. Madame la Comtesse *Du Barry*, d'après Drouais. In-8. —
Très belle épreuve avec une grande marge.

GÉRARD (D'après Mlle).

161. Les regrets mérités, par N. de Launay.
Très belle épreuve avant la lettre, seulement le titre tracé en petites
capitales grises. Toute marge.

162. Le Triomphe de Minette, gravé à la manière du lavis par Vidal.
Très belle épreuve.

GILLOT (D'après Cl.).

163. La Naissance. — L'Éducation. — Le Mariage. — Les Obsèques.
— Suite de quatre pièces.
Superbes et très rares épreuves avant toutes lettres. Très rares.

164. La Passion des richesses, — de l'amour, — de la Guerre et du
Jeu. Suite de quatre pièces gravées par Audran.
Très belles épreuves.

DE GLIM (D'après).

165. Le Général *Elliot* en pied, par Martin. In-fol. —
Très belle épreuve.

GRASSY (D'après).

166. Lady *Gilford*, née comtesse de *Thunn*, gravé à Vienne, à la manière noire par A. Schnell, en 1794. In-4.
Très belle épreuve ; elle est remargée.

GRAVELOT (D'après H.).

167. Le Concert, par Saint-Non.
Très belle épreuve, avant toutes lettres, d'une charmante pièce très
spirituellement gravée à l'eau-forte.

168. Les divertissements de la loterie. Grande pièce à compartiments
intéressante et curieuse comme scène de mœurs et costumes,
publiée à Londres en 1740. Gravé par N. Parr.
Très belle épreuve. Rare.

169. Fondation pour marier dix filles, par Moreau et Huquier.
Deux épreuves dont l'une, très rare, est à l'état d'eau-forte.

GREUZE (D'après J.-B.).

170. L'Invocation à l'Amour, par Macret, 1778.
Très belle épreuve avant la lettre. Marges.

171. La Cruche cassée, par Massard.
Superbe épreuve signée des artistes.

172. La Laitière, par Levasseur.
Très belle épreuve.

173. Le Malheur imprévu, par R. de Launay.
Très belle épreuve avant la dédicace.

174. La Marchande de marrons, par Beauvarlet.
Très belle épreuve.

175. La Savonneuse, par Danzel.
Superbe épreuve avant toutes lettres, signée du graveur.

176. Le Tendre Désir, par Carmona.
Très belle épreuve.

GUYOT (L.).

177. Les Quatre Heures du jour, cinq petits médaillons ronds et ovale
sur une même feuille.
Très belle épreuve imprimée en couleur.

HAMILTON (D'après W.).

178. *The Morning — Night.* Deux pièces ovales faisant pendants,
gravées au pointillé par Bartolozzi et Tomkins.
Très belles épreuves.

HAMILTON ET STOTHARDT (D'après).

179. *Coming from School.* — Jeux d'enfants. Deux pièces gravées par
Knight et Bartolloti.
Belles épreuves imprimées en couleur.

HARDING (D'après V.).

180. *La Fleur, Amiens.* Jolie pièce à costumes gravée au pointillé par
F. Bartolozzi, et publiée par Palmer à Londres en avril 1787.
Très belle épreuve imprimée en bistre. Grande marge.

HUCK (D'après J.-S.).

181. *The oyster girl*, gravé à la manière noire by J. Young. —
Très belle épreuve.

HISTORIQUES (Pièces).

182. L'Alliance du Roi avec Marie de Médicis, princesse de Florence.
— Louis XIII, la famille royale et tous les personnages de la
cour en adoration devant le cœur de Jésus. Deux pièces, publiées chez *P. de la Houve* et chez *N. de la Mathonière.*
Très belles épreuves. Rares.

183. « Henry-le-Grand dessigné sur sa statue de bronze... à St Jehan
de Latran, à Rome 1608. » Gravé à l'eau-forte par Le Mercier,
architecte du roi Louis XIII.
Très belle épreuve d'une pièce très rare, la seule qu'ait gravée Le Mercier.

184. Louis XIV recevant les échevins de Paris. — Landrecies aux
pieds de Louis XIV. — Le Jansénisme foudroyé. Six pièces
gravées par Mellan, Flamen, S. Leclerc, etc.
Très belles épreuves, plusieurs sont avant la lettre.

185. Le Sacre de Louis XV, roy de France et de Navarre. Six compositions différentes publiées *à Paris, chez Chiquet, Guérard
et Landry.*
Très belles épreuves avec toutes leurs marges.

186. L'Auguste cérémonie du couronnement de Louis XV, roy de
France et de Navarre, faite à Reims le 20 octobre 1722. Trois
pièces publiées chez *Jollain et chez L. Coignard.*
Très belles épreuves.

HOPPNER (D'après J.).

187. *The Show.* Jolie pièce à costumes, gravée à la manière noire par
J. Young.
Très belle épreuve.

188. *Countess of. Oxford*, gravé à la manière noire par S. W. Reynolds. In-fol.
Très belle épreuve avec une grande marge.

HUET (D'après J.-B.).

189. L'heureux Chat. — La belle Cachette. Deux pièces, faisant pendants, gravées par Bonnet.
Très belles et rares épreuves avant les draperies, imprimées en couleur.

190. La Troupe ambulante des rues de Paris. — Le Marchand d'orviétan. Deux pièces, faisant pendants, gravées par Bonnet.
Belles épreuves imprimées en couleur.

HUET ? (D'après J.-B.).

191. Jeune Dame lisant une lettre que vient de lui apporter un jeune
garçon.
Rare épreuve à l'état d'eau-forte.

HUMBELOT.

192. Hôtel de Soissons établi pour le commerce du papier en 1720.
Très belle épreuve.

193. Hôtel de Soissons. — Rue Quinquempoix en l'année 1720. Deux
pièces intéressantes sur le système de Law.
Très belles épreuves et rares épreuves avant la lettre.

INCROYABLES (Pièces sur les).

194. Arrivée des remplaçants. — Départ des remplacés. Deux pièces
faisant pendants.
Très belles épreuves imprimées en couleur.

195. Les Merveilleuses. — Les Croyables. Deux pièces gravées par
Darcis, d'après Boilly et C. Vernet.
Très belles épreuves imprimées en couleur. Encadrées.

ISABEY (D'après J.).

196. Salle d'exhibition de J. Isabey à Londres, 1820, gravé à l'aquatinte par W. Benett.
Très belle et rare épreuve en couleur. Toute marge.

JANINET (F.).

197. Projet d'un monument à ériger pour le Roi, d'après De Varenne; dessiné par Moreau.
Très belle épreuve avant la lettre, imprimée en couleur.

198. Restes du palais du pape Jules II, d'après H. Robert.
Belle épreuve imprimée en couleur.

JEAURAT (D'après E.).

199. Le Carnaval des rues de Paris, par C. Le Vasseur.
Très belle et rare épreuve avant la lettre.

200. Le Joli dormir (portrait de Mme Jeaurat), par Mme Tardieu. —
Très belle épreuve.

201. Le Fiacre, 1748, par Pasquier.
Très belle épreuve avec toute sa marge.

JOMBERT (A Paris, chez).

202. Héloïse écrivant à Abélard, petit médaillon ovale pour dessus
de boîte.
Très belle épreuve imprimée en couleur.

KAUFFMANN (D'après).

203. *A Lady in a turkish dress*, par Ryland.
Très belle épreuve imprimée en rouge.

204. Portrait de la *chevalière d'Eon*, en femme, gravé au pointillé
par Haward. In-fol.
Belle épreuve, manque de fraîcheur.

LA JOUE (D'après).

205. L'Architecture. — La Botanique. — Les Forces mouvantes. —
La Musique. — La Pharmacie. — La Peinture. Six grands
cartouches, gravés la plupart par Cochin.
Très belles épreuves avec marges.

LALAUZE (M.).

206. Portrait de M. Grévy, président de la République française,
d'après le tableau de M. Bonnat. In-fol.
Superbe épreuve dite de remarque, sur Japon.

LANCRET (D'après N.).

207. L'Été, d'après le tableau du Louvre. —
Très belle épreuve avant la lettre, sur Japon.

208. Le Faucon, par De Larmessin.
Très belle épreuve avant l'adresse de Buldet. Toute marge.

209. On ne s'avise jamais de tout, par De Larmessin.
Très belle épreuve avant l'adresse de Buldet. Toute marge.

LANDSEER (S.).

210. Vingt-sept portraits, en imitation de camées, d'artistes et de
musiciens, en tête desquels on remarque Haydn et Mozart.

Ils sont contenus dans vingt médaillons placés sur les flancs d'un rocher et illuminés par les rayons d'un soleil lequel, sous forme d'une lyre, est placé au haut de la composition. Gravé d'après **P.-J. de Loutherbourg** et publié à Londres le 18 janvier 1801, par Colnaghi et Cie.

Très belle épreuve en couleur.

LA TOUR (D'après M. Quentin de).

211. *Bertinazzi (Carlo)*, de la Comédie-Italienne dans son costume d'Arlequin, gravé par T. Bertrand. In-fol.

Superbe épreuve. Rare.

212. *M^{ie}-G^{ie} de la Fontaine Solare de la Boissière*, gravé par Petit.

Très belle épreuve avec une très grande marge.

LAWREINCE (D'après N.).

213. L'Accident imprévu. — La Sentinelle en défaut. Deux pièces, faisant pendants, gravées par Darcis (E. B. 1 et 58).

Très belles épreuves avant toutes lettres, seulement les noms des artistes tracés à la pointe, elles sont tirées en bistre.

214. L'Assemblée au Salon, par Dequevauviller (6).

Très rare épreuve à l'état d'eau-forte.

215. La même estampe.

Superbe et rare épreuve avant la dédicace.

216. *The Happy resemblance.* Très jolie petite réduction, de forme ovale, de l'estampe intitulée : la Consolation de l'absence; gravée au pointillé par C. Taylor et publiée à Londres en 1786.

Très belle épreuve. Marge.

217. La Comparaison, gravé en réduction par J.-B. Chapuy (12).

Très belle épreuve en couleur.

217 *bis*. Le Contre-temps (15).

Rare épreuve à l'état d'eau-forte pure.

218. L'Heureux Moment, par N. de Launay (28).

Très belle épreuve, quelques déchirures.

219. La Marchande à la toilette, par Vidal (37).

Très belle épreuve.

220. Le Mercure de France, par Guttenberg (38).

Épreuve fatiguée.

221. Le Repentir tardif, par Le Vilain (52).

Très belle épreuve. Rare.

222. La Sentinelle en défaut, par d'Arcis (58).
Très belle épreuve.

223. *The Grove.* — *The green Ploot.* Deux pièces faisant pendants (ap. 10).
Belles épreuves avec marges.

LAWRENCE (D'après S. Th.).

224. *Georgiana, Elisabeth duchess of Newcastle*, en pied, gravé à la manière noire par S. W. Reynolds. In-fol.
Superbe épreuve avec marge.

225. *The lady Georgiana Fane*, gravé à la manière noire, par C. Turner. In-fol.
Très belle épreuve.

226. *Rural amusement*, gravé à la manière noire par J. Bromley.
Très belle épreuve.

LE BEAU (P.-A.).

227. Mme la Comtesse *Du Barry*, d'après Marilly. In-8.
Très belle épreuve avec une grande marge.

LE BEAU (A Paris chez).

228. Le Double engagement. — Le Mari trompé. Deux pièces in-4.
Très belles épreuves.

LE BRUN (D'après).

229. L'Entretien amoureux. Jolie petite pièce, dans un cadre ornementé, gravée par J.-B. Cathelin, 1772.
Très belle épreuve avant toutes lettres. Rare.

230. La toilette de la Mariée ou le jour désiré, par Dambrun.
Très belle épreuve avec toute sa marge.

LE CARPENTIER.

231. *Honoré Fragonard.* In-4.
Très belle épreuve d'un portrait rare, gravé à l'eau-forte. Marge.

LE CLERC. (D'après F.).

232. Le Bon Logis, par L. Bonnet.
Très belle épreuve imprimée à la sanguine. Toute marge.

LE PAON (D'après).

233. Revue de la Maison du Roi, au trou d'Enfer, par le Bas.
  Superbe et rare épreuve avant toutes lettres.

LE PRINCE (D'après J.-B.).

234. L'Amour des fleurs, par Chevillet.
  Très belle épreuve avec toute sa marge.

235. *The pleasures of solitude*, par L. Marin.
  Très belle épreuve imprimée en couleur.

LESPINASSE.

236. Vue intérieure de Paris, représentant le port au blé depuis l'extrémité de l'ancien Marché aux veaux jusqu'au pont Notre-Dame, gravé par Berthault en 1785..
  Deux épreuves, dont l'une, très rare, est à l'état d'eau-forte.

237. Vue intérieure de Paris représentant le Port au blé, etc. — Vue intérieure de Paris prise au milieu du pont Royal. Deux grandes pièces en largeur, faisant pendants, gravées en 1785 et en 1786, par Berthault.
  Très belles épreuves avec marges.

238. Vue du Palais-Royal, des galeries et du jardin, par les Srs Varin frères.
  Deux très belles épreuves, dont l'une est avant la dédicace.

LETELLIER (C. F.).

239. *Anne Vallayer-Coster*, d'après elle-même, in-4.
  Très belle épreuve. Rare.

LEVILLY (J.-P.).

240. Première leçon de l'amour. — Le Prisonnier chéri. Deux pièces faisant pendants.
  Très belles et rares épreuves en couleur. Grandes marges.

LONGUEIL (DE).

241. Mlle Jth de *Champagne*, marquise de *Fosseuse*, d'après Vestier. In-8.
  Très belle épreuve. Fort rare.

LOUIS XIV (Portraits de).

242. *Louis XIV*, vêtu à la Romaine, et assis sur un nuage, foulant aux pieds un monstre. Grande pièce en deux feuilles contenant les conclusions de la thèse de philosophie, soutenue par W.-J.-B. Colbert de Croissy le 13 septembre 1680. Gravé par G. Edelinck, d'après C. le Brun. (R. D. 260).
   Très belle épreuve.

243. *Louis XIV*, en pied, assis, gravé par N. Habert.
   Très belle épreuve.

244. *Louis XIV*, quatre portraits in-fol., dont deux en bustes, grandeur nature, gravés par Masson et Scotin.
   Belles épreuves.

244 bis. *Louis XIV* jeune. Deux portraits in-fol., gravés par Nanteuil. (153 et 155).
   Très belles épreuves, la dernière pièce est du 1ᵉʳ état.

245. *Louis XIV*, buste fort comme nature, gravé par Nanteuil, 1666 (157). Gr. in-fol.
   Très belle épreuve avec marge.

246. *Louis XIV*, buste fort comme nature, gravé par Nanteuil, 1676 (162). Grand in-fol.
   Très belle épreuve.

247. *Louis XIV*, en cuirasse, vu à mi-corps, gravé par Pitau, d'après C. Le Febure. In-fol.
   Très belle épreuve.

248. *Louis XIV* jeune, gravé par F. de Poilly, d'après Mignard. In-fol.
   Très belle épreuve.

249. *Louis XIV* jeune, dans une bordure formée de palmes et surmontée de la couronne royale, accompagnée des trompettes de la renommée. Gravé par N. Poilly.
   Très belle épreuve.

250. *Louis XIV* jeune, à cheval, dans une composition allégorique. Grande pièce en deux feuilles gravée par Rousselet, d'après C. Le Brun.
   Très belle épreuve. Rare.

251. *Louis XIV* jeune, en pied, assis sur le trône, gravé par Sauvé ? Grand in-fol.
   Très belle épreuve avant toutes lettres. Rare.

252. *Louis XIV* jeune, gravé par Van Schuppen, d'après N. Mignard. In-fol.
   Très belle épreuve avec marge.

253. *Louis XIV* jeune, dans une bordure ovale sur un champ de fleurs de lys, gravé par Van Schuppen, d'après Mignard. In-fol.

 Très belle épreuve. Rare.

254. *Louis XIV* jeune, dans une bordure ovale équarrie décorée à chaque angle de médaillons emblématiques; gravé par Van Schuppen 1667, d'après Ch. Le Brun.

 Très belle épreuve.

255. *Louis XIV*, buste fort comme nature, dans une bordure formée de feuilles de chêne et de fleurs de lis; gravé par V. Schuppen, 1672, d'après N. Mignard. Grand in-fol.

 Très belle épreuve.

256. *Louis XIV*, coiffé d'un chapeau, buste fort comme nature, gravé par Simon, d'après C. Le Brun, 1682. Grand in-fol.

 Très belle épreuve.

257. *Louis XIV*, en pied, vu à mi-corps, en costume romain, et tenant en main le bâton de commandement; gravé par Simon. Très grand in-fol.

 Très belle épreuve. Rare.

258. *Louis XIV* jeune et *Philippe de France*. Sept portraits in-fol. gravés par Masson, Poilly et Van Schuppen.

 Très belles épreuves.

259. *Louis XIV* jeune. Vingt portraits in-4 et in-fol. gravés par Audran, Mellan, Poilly et autres artistes.

 Belles épreuves.

260. *Louis XIV* âgé. — Duc du *Maine*, etc. Quatorze portraits in-4 et in-fol., gravés par Drevet, Vermeulen et autres artistes.

 Belles épreuves.

MALLET (D'après).

261. Le Petit Redresseur de quilles. — La Tourterelle poursuivie. Deux pièces, faisant pendants, gravées par Alix et Coqueret.

 Très belles épreuves imprimées en couleur.

MARTINET (A Paris chez).

262. Promenade de Longchamp an X (1802).

 Ancienne et très belle épreuve coloriée. Rare.

263. L'Air, par Jazet.

 Très belle épreuve en couleur.

MARTINI (P.-A.).

264. Coup d'œil exact de l'arrangement des peintures au salon du Louvre en 1785.

Très belle épreuve.

265. Exposition au salon du Louvre en 1787.

Très belle épreuve.

MERCIER (D'après P.)

266. *A scene in the careless husband. — A scene in the recruiting officier.* Deux pièces, faisant pendants, gravées à la manière noire par S. Faber 1739.

Très belles épreuves.

MICHEL (J.-B.).

267. *Hyppolite de la Tude Clairon,* dans le rôle de Médée, d'après Pougin de Saint-Aubin. In-fol.

Très belle épreuve avec une grande marge.

MILLET (F.).

268. La Fileuse (21).

Première et très belle épreuve signée au crayon par l'artiste.

MOITTE (D'après P.-E.).

269. Le Jaloux endormi. — L'Infidélité reconnue. Deux pièces, faisant pendants, gravées par Dambrun.

Très belles épreuves, le coin gauche de la première pièce a été rapporté.

MONDHARE (A Paris chez).

270. *Melcour.* Joli petit médaillon ovale, signé en dessous de la bordure des initiales *D. V. S.* (Sergent?).

Très belle épreuve imprimée en couleur. Grande marge.

MONSALDY

271. *Dugazon* (Mme), d'après la miniature d'Isabey, médaillon ovale. In-8.

Très belle épreuve imprimée en bistre, portant le cachet de Isabey.

MOREAU (D'après J.-M.).

272. N'ayez pas peur, ma bonne amie, par Helman, 1776 (E. B. 1350). —
Très belle épreuve avant la lettre.

273. Les Adieux, par De Launay, 1777 (1357). —
Très belle épreuve avec les lettres A. P. D. R.

273 bis. La Partie de Wish, par J. Dambrun (1365).
Très belle épreuve avec les lettres A. P. D. R.

274. La Petite Loge, par Patas (1368).
Très belle épreuve avec les lettres A. P. D. R.

MORLAND (D'après H.).

275. *The cottager's wealth*, gravé à la manière noire par G. Keating.
Très belle et rare épreuve imprimée en couleur.

276. *Dancing dogs. — Guinéa piggs.* Deux pièces, faisant pendants,
gravées par J. P. Levilly.
Anciennes et très belles épreuves.

277. *The fleecy charge*, gravé à la manière noire par G. Shepheard.
Très belle et rare épreuve imprimée en couleur.

278. *St-James's park*, par F. D. Soiron.
Magnifique épreuve imprimée en couleur de l'une des plus jolies
pièces du maitre.

279. *Slave trade*, gravé à la manière noire par Smith.
Bonne épreuve imprimée en couleur. Elle a un peu souffert.

280. *The Shepherds. — The warener.* Deux grandes et belles pièces
en largeur, faisant pendants, gravées à la manière noire,
par W. Ward.
Très belles épreuves.

281. *The Tavern door. — The fair penitent.* Deux très jolies pièces à
costumes gravées par Smith.
Très belles épreuves.

NAPOLÉON (Pièces sur).

282. *Napoléon le grand. — Marie-Louise.* Deux très jolis portraits
in-8, faisant pendants, gravés par Levachez.
Très belles épreuves imprimées en couleur. Très rares.

283. *Joséphine Tascher de la Pagerie*, impératrice des Français, gravé
par Levachez. In-4.
Très belle épreuve imprimée en couleur.

283 *bis*. L'Impératrice *Joséphine*, à cheval. Pièce in-4, publiée chez Jean.

Très belle et rare épreuve coloriée. Toute marge.

284. *Marie-Louise* en pied, en costume impérial. Deux portraits grand in-4, publiés chez la V^re Chereau et chez Jean.

Très belles épreuves. Rares.

285. *Marie-Louise* en buste, dessiné et gravé par Benoist. In-4.

Très belle épreuve avec marge.

286. *Marie-Louise*, gravé par L.-C. Ruotte, d'après le buste de Bosio. In-fol.

Très belle épreuve en couleur.

287. *Marie-Louise*. — *Madame Mère*. Quinze portraits in-8 et in-4.

Belles épreuves.

288. Esquisse de Napoléon étant exposé sur son lit de camp d'Austerlitz, dessiné par le C^ne Marryal quatorze heures après sa mort. Lithographie rare, publiée à Londres le 26 juillet 1815.

Belle épreuve avec toute sa marge.

289. Vingt portraits in-8 et in-4, gravés et lithographiés, du Roi de Rome, enfant et duc de Reichstadt.

Belles épreuves.

290. Cinquante-cinq portraits in-8 et in-fol., dont quelques-uns de rares, de Napoléon et de la famille impériale.

291. Vue de la grande parade passée par le Premier Consul dans la cour du Palais des Thuilleries. Gravé par Lebeau, d'après Desrais.

Très belle et rare épreuve coloriée. Marge.

292. Vue intérieure d'une grande salle de la maison de Hasan Kachêf destinée aux scéances de l'Institut. — Bataille d'Aboukir. Deux pièces gravées par Dormier et Beekenkam.

Belles épreuves.

293. Fêtes données aux Champs-Élysées à l'occasion de la paix. Grande pièce en largeur, des plus intéressantes et des plus curieuses par la diversité des costumes, gravée à l'eau-forte par Piranesi.

Très belle épreuve, manque la partie supérieure de la planche. Excessivement rare.

294. Batailles de la République et du Consulat. Quarante pièces extraites pour la plupart des campagnes d'Italie de C. Vernet.

Très belles épreuves avant la lettre et à l'état d'eau-forte.

295. Costumes des Dignitaires de l'Empire. Six pièces d'après Isabey et Percier, tirées du Sacre de Napoléon.

Très belles épreuves avant la lettre.

296. Traits explicatifs du sacre de Napoléon, — de la Bataille d'Austerlitz, — de la Bataille de Wagram, — du Retour de l'île
d'Elbe, — de la Mort de Napoléon, etc. Quinze pièces intéressantes, faisant connaître les noms des personnages figurant
dans ces diverses compositions.

297. Soixante-cinq pièces, gravées et lithographiées et de tous les
formats, concernant l'histoire du Consulat et de l'Empire.

NATTIER (D'après J.-M.).

298. La Chasseuse aux cœurs (Mlle de Beaujolais), gravée par Hen-
riquez. In-fol.

> Très belle épreuve avec une grande marge.

299. Mme *de Chateauroux*, sous la figure de la Force. Deux portraits,
dont l'un est gravé par Balechou.

> Très belles épreuves.

NAUDET (Mlle).

300. Repas donné le 7 mars 1806 par les m^{ds} d'estampes de Paris à
leur confrère et ami Le Clerc. Pièce intéressante donnant tous
les portraits des m^{ds} d'estampes de cette époque, la jeune
fille qui les sert est Mlle Naudet elle-même.

> Belle épreuve coloriée du temps.

ORNEMENTS.

301. ŒUVRE DE RANSON, à Paris, chez Esnauts et Rapilly, Chereau, la veuve Avaulez, etc., s. d. (vers 1780).

> Cet œuvre comprend un total de 121 pièces qui se divisent
ainsi :
>
> *Première suite.* — 1er cahier : Attributs-trophées, complet, 6 pièces. —
2e cahier : Attributs-trophées, 5 p. — 3e cahier : Trophées militaires,
5 p. — 4e cahier : Groupes de fleurs et attributs pastorales, complet, 6 p.
— 5e cahier : Vases et corbeilles de fleurs, 3 p. — 6e cahier : Trophées
de chasse, 4 p. — 7e cahier : Trophées de musique, 2 p. — 8e cahier :
Attributs de pêche, 1 p. — 9e cahier : Encadrements, 1 p. — 10e cahier :
Fleurs et vases, complet, 6 p. — 12e cahier : Fleurs et vases, complet,
6 p. — 14e cahier : Trophées, 4 p. — 15e cahier : Trophées, complet, 6 p.
— 16e cahier : Trophées, complet, 5 p. — 17e cahier : Cartels et trophées,
5 p. — 18e cahier : Cartels et trophées, 5 p. — 19e cahier ; Cartouches et
ornements, complet, 6 p. — 20e cahier : Attributs et trophées, complet, 6 p.
>
> *Deuxième suite.* — 1er cahier : Trophées, 5 pièces. — 2e cahier : Tro-
phées, complet, 6 p. — 3e cahier : Trophées, 4 p. — 4e cahier : Trophées,
complet, 6 p. — 5e cahier : Trophées, complet, 6 p. — 10e cahier : Ornements pour la boiserie d'appartements, complet, 6 p. — 11e cahier : Ornements pour la boiserie d'appartements, complet, 6 p.
>
> Les cahiers 10, 13 et 19 de la première suite et les cahiers 1, 2, 4, 5,
10 et 11 de la seconde ont toutes leurs marges, les autres cahiers sont
réenmargés.
>
> Les épreuves sont très belles.

302. Plafonds du château de Sceaux. Neuf pièces gravées, par G. Audran, Simoneau et autres artistes.

PATERRE (D'après J.-B.).

303. Le Colin-Maillard. — Le Concert amoureux. — La Conversation intéressante. — La Danse. — Suite de quatre pièces faisant pendants.
Superbes épreuves, trois sont avant les numéros. Grandes marges.

304. Douze pièces en largeur pour le Roman comique de Scarron.
Très belles épreuves.

PETERS (D'après W.).

305. *Merry wives of Windsor, act II, scène I*. Très grande et jolie pièce à costumes, en hauteur, gravée par R. Thew.
Très belle épreuve en couleur. Grande marge.

PHILLIPS (D'après T.).

306. *William Honeywood, esq°*, gravé à la manière noire, par S. W. Reynolds. In-fol.
Superbe épreuve.

QUEVERDO (D'après J.-M.).

307. Le Sommeil interrompu, par Dambrun.
Très belle épreuve avant la dédicace.

RAFFET (A.).

308. Combat d'Oued-Alleg, 31 décembre 1839 (G. 82).
Très belle épreuve sur Chine coupé. Toute marge.

309. Napoléon en Égypte, affiche pour le poème de Barthélemy et Méry (119).
Superbe épreuve avant le texte. Très rare.

RAJON (P.).

310. La Femme au chapeau de paille, d'après Rubens.
Superbe épreuve avant la lettre. Très rare.

RAMBERG (D'après J.-K.).

311. Le Marché des esclaves. — Le Rossignol. Deux pièces.
Très belles épreuves, la dernière pièce est coloriée anciennement.

RAOUX (D'après J.).

312. Lés Ages. Suite de quatre pièces gravées par J. Moyreau.
Très belles épreuves.

313. Le Rendez-vous agréable, par Beauvarlet.
Superbe épreuve avant toutes lettres.

REGNAULT (N.-F.).

314. Le Matin. — Le Soir. Deux pièces faisant pendants.
Superbes épreuves avant toutes lettres, seulement le nom de Regnault tracé à la pointe ; toutes marges. Très rares de cette qualité.

REMBRANDT (Van Ryhn).

315. Rembrandt en ovale. — La Faiseuse de kouks. — Menasseh ben Israel. — Homme à barbe courte. Quatre pièces.
Belles épreuves.

LOUIS XVI ET LA RÉVOLUTION (Pièces sur)

316. *Louis XVI*, roi de France et de Navarre. Très joli portrait in-4, de forme ovale, très finement gravé au pointillé.
Très belle épreuve en couleur. Rare.

317. Soirée du 30 juin 1789 : Les Gardes Françaises fraternisant avec le peuple dans le jardin du Palais-Royal. Pièce anonyme gravée à la manière du lavis.
Belle épreuve en couleur. Grande marge.

318. Monument du despotisme... pris le 14 Juillet 1789 et démoli aussitôt après sa prise. Gravé par J. Bance en 1789.
Belle épreuve imprimée en couleur. Marge.

319. Camp fédératif de Lyon, tenu le 30 mars 1790. Grande pièce anonyme en largeur.
Très belle épreuve. Rare.

320. Confédération des Français à Paris, l'an 2e de la Liberté, le 14 juillet 1790. — Vue des travaux du Champ-de-Mars par les Parisiens, l'an 1er de la Liberté, le 12 Juillet 1790. Deux pièces gravées à la manière du lavis.
Très belles épreuves, elles manquent un peu de conservation. Rares.

321. Louis XVI prêtant serment à la Constitution. Grande pièce allégorique, en hauteur, gravée au pointillé.
Très belle épreuve avant toutes lettres, tirée en bistre.

322. Le ci-devant grand couvert de Gargantua moderne, en famille.
Belle épreuve anciennement coloriée.

323. Carte patriotique de Paris. Très jolie petite pièce, très bien gravée par un anonyme. (Choffard?)
Très belle épreuve.

324. Portrait de Louis XVI à cheval. — Marie-Antoinette. — Le Sacre de Louis XVI. — Le Jeune Patriote. — Je savais bien que j'aurions notre tour, etc. Six pièces.
Belles épreuves, trois sont coloriées.

325. Nom de MM. les députés de la ville de Paris, ils sont montés sur un char traîné par un lion, un taureau, un mouton et un serpent. — Liste de MM. les Députés du Clergé, ils sont également montés sur un char traîné par une femme allaitant son enfant. Deux pièces intéressantes publiées chez Guyot qui bien probablement les a gravées.
Très belles épreuves coloriées. Toutes marges.

326. *M*ᵉ *A*ⁿᵉ *Charlotte Corday*, ci-devant Darmans, âgée de 25 ans, gravé par Massol, d'après le dessin fait d'après nature par Queverdo. In-8.
Très belle épreuve.

327. Les adieux de Louis XVI à sa famille. Grande pièce en largeur gravée par Schiavonetti, d'après Benazech, et publiée à Londres en 1794.
Très belle épreuve tirée en bistre.

328. *The Martyr of equality.* Pièce très rare de Cruikshand, publiée à Londres le 12 février 1793, représentant le duc d'Orléans en garde national, debout sur l'échafaud, et tenant à la main la tête de Louis XVI que l'on vient d'exécuter.
Épreuve coloriée.

329. *Louis XVI. — Marie-Antoinette*, médaillons ronds reposant sur des tablettes ayant forme de sarcophages sur lesquelles sont représentés les adieux du Roi et de la Reine à leur famille. Deux pièces in-4, gravées au pointillé et faisant pendants.
Belles épreuves.

330. Vue des différentes stations de la fête de l'unité et de l'indivisibilité de la République. *A Paris, chez Villeneuve*, six médaillons ronds, sur la même feuille, dans lesquels sont représentés différents projets à élever, à la gloire de la Révolution, sur six places de Paris. Très jolie pièce gravée à la manière du lavis.
Très belle épreuve avec marge. Rare.

331. Journée du 20 Juin 1792. — Dévouement de Mᵐᵉ Élisabeth, dans la journée du 20 Juin 1792. — Jugement de Marie-Antoinette

d'Autriche. — La Séparation de Marie-Antoinette d'Autriche d'avec sa famille. Quatre grandes pièces en largeur gravées par Vérité et Cazenave d'après Bouillon.

Bonnes épreuves.

332. Les principales journées de la Révolution. Suite complète de douze estampes, gravées par Helman, d'après les dessins de Monnet, plus le tableau descriptif de ces estampes.

Anciennes et très belles épreuves avec marges. Très rares de cette qualité.

333. Généreux dévouement des Gardes nationales parisiennes. — Mort de J.-P. Marat. — Congé absolu. — Déclaration des droits de l'homme et du citoyen. — Portrait de Custine. Cinq pièces.

Belles épreuves, deux sont coloriées.

REYNOLDS (D'après sir J.).

334. *Lords Ashburton, Schelburne and Col* Barre*, gravé à la manière noire par J. Ward. Grand in-fol.

Superbe épreuve du second état, on lit dans la marge, à droite : *Proof*. Excessivement rare de cette qualité.

335. *Carolina, Duchess of Malborough with Lady Caroline Spencer her daughter*, gravé à la manière noire par J. Watson. In-fol.

Très belle épreuve avec une grande marge.

336. *Carolina, Lady Scarsdale, with her son the honourable John Curzon*, gravé à la manière noire par Watson. Petit in-fol.

Très belle épreuve.

337. *Emilia, Duchess of Leinster*, gravé à la manière noire par W. Dikinson. Petit in-fol.

Superbe épreuve.

338. *His Royal Highness Henry Frederick, duke of Cumberland*, en pied, gravé à la manière noire par Th. Watson. Grand in-fol.

Très belle épreuve, très légèrement épidermée.

339. *Georgiana, duchess of Devonshire et sa fille*, gravé à la manière noire par G. Keating.

Très belle épreuve.

340. S. A. S. *Louis-Philippe-Joseph, duc d'Orléans*, en pied, en colonel de hussards, gravé à la manière noire, par J. R. Smith. Grand in-fol.

Très belle épreuve.

341. *Mary, Duchess d'Ancaster*, gravé à la manière noire par Houston. In-4.

Très belle épreuve.

342. *Lord Morpeth*, gravé à la manière noire, par T. Trotter.
     Très belle épreuve.

REYNOLDS ET **WESTALL** (D'après).

342 *bis*. *The mask. — A ghost.* Deux très jolies pièces, faisant pen-
     dants, gravées par Schiavonetti.
     Superbes et très rares épreuves imprimées en couleur.

RIGAUD (D'après J.-F.).

343. Les Adieux? Jolie pièce à costumes, gravée par J. Hogg et
     publiée à Londres chez Torre, en 1787.
     Très belle épreuve tirée en bistre.

ROSLIN (D'après).

344. La Flore de l'Opéra (portrait de Mlle *Guimard*). — Mlle *C. Wuiet*,
     pensionnaire de la Reine. Deux portraits in-4.
     Très belles épreuves.

ROWLANDSON.

345. *Weding night of the fashonable frolic.* Jolie pièce satirique sur
     les amours du Prince de Galles, publiée en 1786.
     Très belle épreuve coloriée.

346. *Quarter day. — Crimping a quaker. — Summer amusement at
     Margate.* Trois pièces.
     Très belles épreuves coloriées.

347. *Dinners drest in the neatest manner. — Easterly winds or scuding
     under bare poles. — Old fellows from downing street complai-
     ning to John Bull.* Trois pièces.
     Belle épreuves coloriées, la première pièce est tachée.

RUBENS (D'après).

348. La Femme au chapeau de paille, gravé à la manière noire par
     S.-W. Reynolds. In-fol.
     Superbe épreuve avant toutes lettres. Grande marge.

RUSSIE (Pièces sur la).

349. *Alexandre Ier*, empereur de Russie, à cheval. — Le même per-
     sonnage vu de profil, petit médaillon ovale. — Officier de
     Cosaques.
     Trois dessins, aquarelle et encre de Chine.

350. Départ du Bivac, Cosaques et Baskirs. Grande pièce en largeur,
gravée à la manière noire par Jazet, d'après Sauverweid.

Très belle épreuve. Rare.

351. Vue du Palais impérial d'hyver vers la Néva et de ses environs.
— Vue du Palais de marbre et de ses environs vers la Néva.
— Vue de la grande place et des boutiques à Moscou. — Vue
de la Ville de Moscou prise de la gauche du balcon du palais
impérial. Quatre grandes pièces, en largeur, gravées par
Eichler et Guttenberg, d'après Mayr et De la Barthe.

Très belles épreuves. Rares.

352. Vues. — Costumes militaires. — Scènes de mœurs, etc. Soixante
pièces gravées et lithographiées.

Belles épreuves noires et coloriées.

353. Quatre-vingts portraits in-8 et in-4, gravés et lithographiés, de
souverains et d'hommes célèbres russes.

Très belles épreuves.

SAINT-AUBIN (Germain DE).

354. Le Bain. — Le Damier. Deux pièces faisant partie de la suite en
largeur (D. B., 2 et 4).

Très belles épreuves avec toutes leurs marges.

355. « Essay de papillonneries humaines ». Suite de six pièces en
hauteur (7 a 12).

Superbes épreuves avec toutes leurs marges. Cette suite est de la
plus grande rareté à trouver complète et de cette qualité.

SAINT-AUBIN (Gabriel DE).

356. Arlequin et Colombine (31).
Très belle épreuve avant toutes lettres, marge. État non décrit.

357. Mérope, acte V (34).
Très belle épreuve du premier état. Collection R. Dumesnil.

SAINT-AUBIN (D'après G. DE)

358. Ballet dansé au théâtre de l'Opéra dans le Carnaval du Parnasse.
— La Guinguette, divertissement-pantomime du Théâtre-
Italien. Deux pièces, faisant pendants, gravées par F. Basan.

Très belles épreuves.

SAINT-AUBIN (Par et d'après A. DE).

359. *Moreau* (J.-M.) le jeune, d'après N. Cochin (194). In-8
Très belle épreuve avec marge.

360. Portraits de *M.* et de *Mme Renouard* et de leurs trois enfants, réunis sur une même feuille (235).
Très belle épreuve avec marge.

361. La Sollicitude maternelle, par Sergent et Phelypeaux.
Très belle épreuve en couleur. Sans marge.

362. Répertoire des spectacles de la Cour, par Martinet, pièce dessi-
née en 1763 par A. de Saint-Aubin, pour Slodtz alors dessi-
nateur des Menus.
Bonne épreuve en couleur.

SAINT-MARC (D'après).

363. *L'Amour flatte,* etc., par Delafosse. Jolie petite pièce dans un
charmant cadre ornementé, dont le dessin, appartenant à la
collection de Goncourt, avait été attribué à Eisen.
Très belle épreuve.

SCHENAU (D'après J.-E.).

364. La Bonne Amitié, par Chevillet, 1760.
Très belle épreuve.

365. La Leçon de botanique, par Chevillet.
Superbe et très rare épreuve avant toutes lettres, seulement les noms
des artistes tracés à la pointe.

SCHUPPEN (VAN).

366. *Orléans* (Philippe, duc d'). Monsieur, buste fort comme nature,
d'après C. Le Febure. In-fol.
Très belle épreuve ayant quelques très légères déchirures. Sans marge.

SERGENT (A.).

367. *Marceau,* en pied, en costume de colonel de hussards. In-fol.
Très belle épreuve lettres grises, imprimée en couleur. Rare.

368. *The day's folly. — The Magnetism.* Deux charmantes pièces,
faisant pendants, la dernière est gravée par Guyot.
Très belles épreuves imprimées en couleur. Sans marges.

369. Le Marché conclu. — La fille mal payée. Deux pièces faisant
pendants.
Superbe et rare épreuve avec de grandes marges.

SINGLETON (D'après H.).

370. *Going to market. — Coming from market.* Deux très jolies
pièces, faisant pendants, gravées par W. Nutter.
Très belles épreuves lettres grises. Rares.

371. *The Savoyards*, par C. Turner.
> Superbe épreuve avec marge.

372. *Yoricks grave*, gravé par Nameseche.
> Très belle épreuve imprimée en bistre. Marge.

SMITH (J.-R.).

373. *Charlotte at the tomb of Werther.*
> Superbe épreuve avant la dédicace, imprimée en bistre. Marge.

374. *Mrs Fitz William. — Miss Curter.* Deux portraits in-4, intéressants pour les costumes, gravés à la manière noire.
> Belle épreuve.

375. *The fruit barrow*, gravé à la manière noire, d'après H. Walton.
> Superbe épreuve, avec marge, d'une charmante pièce à costumes. Très rare.

376. *Miss Thompson*, gravé à la manière noire par Jane Thompson. In-fol.
> Superbe épreuve.

376 bis. *Wood-nymph. — Shepherdess.* Deux charmantes pièces ovales, faisant pendants, gravées d'après Woodford.
> Superbes épreuves tirées en bistre, elles sont très fraiches et ont de petites marges. Très rares.

SPORTS (Pièces sur les).

377. Le Chevalier de *St George*, tenant son épée à la main, gravé à la manière noire, par W. Ward, d'après Brown. In-fol.
> Très belle épreuve. Fort rare.

378. La Chasse du cerf. — La Mort du cerf. Deux jolies pièces époque Louis XIV, de forme ovale et faisant pendants, très intéressantes comme costumes.
> Très belles épreuves.

379. *A country race course with horses preparing to start. A country Race course with horses running.* Deux pièces humoristiques des plus intéressantes et comme sport et comme costumes, gravées par Jenkings et Jukes d'après W. Mason publiées à Londres, le 10 mai 1786, par Philipps.
> Très belles épreuves. Rares.

380. *City Sportsmen.* Grande et amusante composition humoristique, gravée à l'aqua-tinte par Wells, d'après W. Mason.
> Très belle épreuve tirée en bistre. Rare.

381. *Volunteer*, gravé par Townley Stubbs, d'après Stubbs, publié à Londres en décembre 1794, chez Stubbs.
> Très belle épreuve, lettres grises.

382. *Diamond. — Hambletonian.* Deux pièces in-fol. gravées à la manière du lavis par Wessell, d'après Sartorous, publiées à Londres en 1799, par John Harris.

> Très belles épreuves avec marges. Rares.

383. Vue panoramique des courses aux chevaux angloises. Grande et très intéressante pièce en largeur, gravée par Clark et Dubourg, publiée à Londres le 1ᵉʳ mai 1815.

> Ancienne et très belle épreuve coloriée. Toute marge.

384. L'Anglomane, gravé par Darcis, d'après C. Vernet.

> Très belle épreuve imprimée en couleur. Encadrée.

385. Les Chasses du duc de Berry. Suite complète de quatre pièces lithographiées par C. Vernet et imprimées chez Delpech.

> Très belles et rares épreuves avec les titres. Marges.

386. THE NIGH METTED RACER : *The Foal. — In training. — The racer. — The hunter. — The Post horse. — The death.* Suite complète de six pièces, gravées par H. Alken et Sutherland, d'après H. Alken, publiée à Londres en 1821.

> Très belles épreuves en couleur dans leurs anciens cadres. Suite excessivement rare à trouver complète et de cette qualité.

387. *Napoléon. — Sylvio. — Cadland. — Felix.* Portraits d'étalons, lithographiés par Z'Gingembre, édités chez Lemercier vers 1834.

> Très belles épreuves coloriées du temps.

388. *Plenipotentiary, the winer of the Derby stakes at Epsom, 1834. — Launcelot, winer of the Great St Leger stakes at Doncaster, 1840.* Deux pièces gravées par Smark et Hunt, d'après J. F. Herring.

> Très belles épreuves coloriées.

389. *Bay Middleton, Winner of the Derby stakes at Epsom, 1836.* Gravé par E. Duncan, d'après C. Hancock, publié à Londres, chez Akerman, le 1ᵉʳ juillet 1836.

> Ancienne et très belle épreuve coloriée.

390. *Epsom : The Grand Stand. — The Race over.* Deux pièces faisant pendants, gravées par Ch. Hunt, d'après S. Pollard, publiées à Londres, par Akerman, le 1ᵉʳ février 1836.

> Très belles épreuves coloriées. Encadrées.

391. *Anatole,* gagnant du Grand St-Léger stakes à Chantilly en 1840. Gravé par C. Hunt, d'après J. F. Herring, publié à Londres, le 6 janvier 1841, par J. Moore.

> Ancienne et très belle épreuve coloriée.

392. Le Jeu de Polo. Très grande pièce en largeur, gravée par Philipps, d'après W. Drummond et Ch. Bassehe, publiée à Londres chez Gambart, le 1ᵉʳ mai 1849.

> Très belle épreuve, lettres grises. Petite marge et tachée.

393. *The flying dutchman and voltigeur, Running the great match at York on the 13th of may 1851, for 1000 Sovereigns a side.* Grande pièce gravée par J. Harris, d'après J. F. Herring, publiée à Londres le 31 juillet 1851, par Fores.

Ancienne et très belle épreuve coloriée. Encadrée.

394. Histoire de l'équitation ancienne et moderne, 1re partie. Douze planches lithographiées par Ch. Aubry.

Très belles épreuves dans leur couverture de publication.

STOTHARDT

395. *Faire Emmeline,* par Simon.

Très belle épreuve tirée en bistre.

396. *Sailors in port. — A sailors return in peace.* Deux grandes pièces, faisant pendants, gravées à la manière noire, par W. Ward.

Très belles épreuves.

397. *Vicar of Wakefield. — Charlotte's visit to the vicar.* Deux jolies pièces à costumes, faisant pendants, gravées par Simonet et Ogborne.

Très belles épreuves imprimées en bistre.

397 bis. *To the mémory of cap^t Richd Pierce his daughters & others,* gravé par E. Scott.

Très belle épreuve.

STRANGE (R.).

398. Charles 1er, roi d'Angleterre, debout près de son cheval que tient un écuyer. — Henriette de France, sa femme. Deux portraits grand in-fol. faisant pendants, gravés d'après A. Van Dyck.

Très belles épreuves.

SWEBACH-DESFONTAINES (D'après).

399. Serment fédératif du 14 juillet 1790, par Lecœur.

Très belle épreuve imprimée en couleur.

TAUNAY (D'après).

400. La Noce de village. — La Foire de village. — La Rixe. — Le Tambourin. Suite de quatre pièces gravées par Descourtis.

Belles épreuves imprimées en couleur. Sans marges.

401. **Noce de village.** — **Foire de village.** Deux petites pièces faisant pendants, gravées en réduction des estampes précédentes, par Descourtis.

Très belles épreuves, elles sont très fraîches et ont de la marge.

THÉATRE (Pièces sur le).

402. *Le Kain*, comédien ordinaire du Roi. — *Préville*, comédien français. — *Rosalie Duplant*, de l'Académie R^{le} de musique. — Mlle *Desbrosses*, de la Comédie-Italienne. Quatre pièces in-8 et in-4 gravés par Elluin et Romanet.

Très belles épreuves.

403. **Ballet des Muses.** Jolie petite pièce, de forme ronde, gravée par Le Grand, d'après Depalmeus.

Très belle épreuve avec une grande marge.

404. **Ninet à la cour.** — **Le Roi et le Fermier.** Deux petites pièces, gravées par Janinet, d'après Gravelot.

Très belles épreuves imprimées en bistre.

405. **Les Mésaventures de Jeannot.** Quatre petites pièces, en couleur.

Belles épreuves.

406. **Le Diable à quatre**, opéra comique, gravé par J.-B. Michel, d'après Chevalier.

Très belle épreuve.

407. **Coupes et plans.** — **Décorations théâtrales.** Vingt-six dessins à la gouache et à l'aquarelle.

408. **Vues.** — **Détails d'architecture.** — **Plans.** — **Décors.** Quarante pièces noires et coloriées.

TROUVAIN (A.).

409. **Premier appartement du roi Louis XIV** : Monsieur le *duc d'Anjou*, M. le *duc de Berry*, M. le *prince de Galles*, M. le *comte de Brionne* jouant aux billes.

Belle épreuve.

410. **Seconde chambre des appartements** : *Monseigneur*, madame la p^{sse} *de Conty, douairière*, M. le *duc de Bourbon*, madame la *duchesse de Bourbon* et M. *de Vendôme* jouant aux cartes.

Belle épreuve, elle manque de conservation.

411. **Troisième appartement** : *Le Roy, Monsieur*, M. le *duc de Chartres*, M. le *comte de Thoulouze*, M. le *duc de Vendôme*, M. *d'Armagnac* et M. *de Chamillart* jouant au billard.

Belle épreuve.

VAN GORP (D'après).

412. Le Déjeuner de Fanfan, par Malles.
Belle épreuve imprimée en couleur.

VANLOO (D'après C.)

413. La Lecture espagnole, par Beauvarlet.
Très belle et rare épreuve, avant toutes lettres.

VERNET (FANNY).

414. Portraits de *J. Vernet*, de *C. Vernet* et de *J.-M. Moreau*, lithographiés sur la même feuille par leur petite-fille et fille. *F. Vernet*, née *Moreau*.
Très belle épreuve. Rare.

VIGNETTES.

415. Sept vignettes in-4, pour Don Quichotte, d'après Ant. Carnizero, I. del Castillo, etc.
Très belles épreuves imprimées en couleur.

416. Suite complète de trente-quatre vignettes in-18 pour les œuvres de Molière, gravées par S. Punt, 1740.
Très belles épreuves tirées à six sur la feuille. Toutes marges.

VUES.

417. Vue générale de Paris en 1620. Grande pièce en largeur, gravée par **M. Mérian**.
Très belle épreuve.

418. Vue générale de Paris, par N. Cochin, 1669. Grande pièce en quatre feuilles, dont nous ne possédons que trois. Manque le morceau de droite.
Très belle épreuve. Fort rare.

419. Perspective de la ville de Paris, vue du Pont des Tuileries. Grande pièce en largeur, gravée par I. Silvestre.
Très belle épreuve.

420. Vue générale de Paris en 1700, par Cochin. Grande pièce en deux feuilles assemblées.
Très belle épreuve. Rare.

WARD (W.).

421. *A Girl sketching a portrait on the ground*, gravé à la manière
noire, d'après M. R. Paye.

Très belle épreuve.

421 *bis.* *The romps.* — *The truants.* Deux grandes et jolies pièces à costumes et faisant pendants, gravées à la manière noire, d'après
W. Bigg.

Belles épreuves.

422. *The truants*, gravé à la manière noire, d'après W. R. Bigg.

Très belle et rare épreuve imprimée en couleur.

423. *Louisa.*

Superbe épreuve imprimée en bistre, elle est très fraîche et a une
petite marge.

423 *bis.* *Thoughts on matrimony*, d'après R. Smith.

Superbe épreuve tirée en bistre, elle est très fraîche et a une petite
marge.

WARD (D'après W.).

424. *The musing chapmer*, par Bartolonii.

Très belle épreuve tirée en bistre, la figure en couleur. Grande
marge.

425. La même estampe gravée en contre-partie sans aucune lettre
autre que le titre.

Très belle épreuve imprimée en bistre.

WATSON (J.).

426. Mrs *Nancy Parsons*, gravé à la manière noire d'après Wilson.
In-fol.

Superbe épreuve avant la lettre, la marge couverte d'essais de burin.
Rare.

WATTEAU (A.).

427. Figures de modes. Suite de sept pièces dessinées et gravées à
l'eau-forte par Watteau et terminées au burin par Thomassin le fils.

Très belles et rares épreuves du 3e état : avec le nom de Thomassin
effacé, mais avant l'adresse de Hecquet. Toutes marges.

428. L'Amant repoussé, par P. Mercier.

Très belle épreuve. Rare.

429. Comédiens français, par J.-M. Liotard.

Deux très belles épreuves, dont l'une, très rare, est à l'état d'eau-forte
pure.

430. **Camp-volant. — Retour de campagne.** Deux pièces, faisant pendants, gravées par C.-N. Cocin.
Très rares épreuves à l'état d'eau-forte pure.

431. **Le Concert champêtre**, par B. Audran.
Très belle épreuve.

432. **La Contre-danse**, par Brion.
Très rare épreuve à l'état d'eau-forte pure.

433. **Escorte d'équipages**, par Cars.
Très rare épreuve à l'état d'eau-forte pure. Marge.

433 *bis.* **La même estampe.**
Très belle et rare épreuve avant la lettre, non entièrement terminée, avec des retouches pour servir d'indication au graveur.

434. **Les Fatigues de la guerre**, par Scotin.
Très rare épreuve à l'état d'eau-forte pure.

435. **L'Ile enchantée**, par J.-P. Le Bas.
Très rare épreuve à l'état d'eau-forte pure.

436. *Qu'ay-je fait assassins maudits.* — **La Sainte-Famille.** Deux pièces gravées par Joullain et Aveline.
Très belles épreuves, la dernière pièce est avant la lettre.

437. **Watteau peignant et M. de Julienne jouant du violoncelle dans un parc.**
Très belle épreuve avec toute sa marge.

WESTALL (D'après R.).

438. *He is dead and Gone Lady, etc.* (Hamlet, act. IV). — *O mistress mine where are you roaming, etc.* (Twelfth night, act. II). Deux pièces, pour Shakespeare, gravées au pointillé par J. Hogg.
Très belles épreuves en couleur.

439. *A Boy angling.* — *A girl gathering mushrooms.* — *The little domestic.* — *A Ferncutter's child.* — *A Boy mending his net.* Cinq pièces gravées par Bartoloti.
Très belles épreuves en couleur. Rares.

WHEATLEY (D'après F.).

440. **Ah! mon Dieu! qu'il fait froid**, gravé par Le Cœur.
Très belle épreuve imprimée en couleur. Marge.

441. *St-Preux and Julia.* Grande et belle pièce gravée par R. Pollard.
Très belle épreuve imprimée en bistre. Rare.

WIGSTEAD (D'après H.).

442. *The country vicars firè side.* Très jolie pièce à costumes, gravée
au pointillé par E. Willams et publiée à Londres en 1788, par
R. Smith.
Très belle épreuve imprimée en bistre. Marge.

WILLE (D'après P.-A.).

443. Le Bouton de rose, par Voyez.
Très belle épreuve avec une grande marge.

444. Le Patriotisme français. — La Double Récompense du mérite. —
Deux pièces, faisant pendants, gravées par Avril.
Belles épreuves piquées d'humidité.

WOLF, L'AÎNÉ (D'après).

445. La Douceur, gravé par Wolf frère.
Très belle épreuve imprimée en couleur. Marge.

WOOLLETT (W.).

446. Combat de la Hogue, d'après B. West.
Très belle épreuve.

447. Bataille de la Boyne. — Mort du général Wolff. — Mort du capi-
taine Cook. Quatre pièces.
Belles épreuves, deux sont sans marges.

447 *bis.* Quelques lots non catalogués.

DESSINS

CLÉRISSEAU. (Ch.-L.).

448. *Ruines de monuments antiques.*
Beau dessin de forme ovale, à la gouache.

DESENNE ET LEROY.

449. Douze petits dessins in-18 pour l'illustration de divers ouvrages.
A la sepia ; la plupart sont signés.

DESRAIS (C.-L.).

450. Jeune femme en pied, en costume de ville.
Joli dessin à la plume lavé de bistre.

DUGOURE.

451. *L'Amour triomphant.*
Charmante composition de quinze personnages. La scène se passe dans l'intérieur d'un couvent de religieuses.
A la plume et au lavis de bistre relevé d'aquarelle, signé et daté : *J. D. Dugoure, 1778.*

ÉCOLE FRANÇAISE (XVIIIᵉ SIÈCLE).

452. *La Pêche à la cour.*
Le roi et la reine se livrent au plaisir de la pêche, ils sont dans un bateau au mât duquel flotte le pavillon royal, des personnages de la cour, assis ou debout sur le rivage, pêchent également ; au fond, un buffet chargé de comestibles et de rafraîchissements, deux musiciens jouant, l'un, de la flûte, l'autre, du violon, et de nombreux groupes de villageois et de villageoises.
Ce charmant dessin, à la plume et au lavis de sépia, est signé et daté : *J.-M. Moreau, 1771*, artiste à qui nous hésitons à l'attribuer.

453. *Une Soirée dans le monde élégant.*

Dans un salon, dix personnes se trouvent réunies, les unes
assises les autres debout; au milieu de la composition, la
maîtresse de maison assise à une table, se dispose à offrir
le thé.

Esquisse peinte en grisaille sur papier.

454. *Partie de campagne.*

Une élégante société dîne sur l'herbe, au bord d'une rivière;
deux domestiques sont occupés, l'un à déboucher une bou-
teille, l'autre à tirer des vivres d'un grand panier en osier.

A la plume et au lavis d'encre de Chine.

455. Le Passage de la rivière.

A la plume et lavis d'aquarelle.

ÉCOLE ITALIENNE.

456. Dessin de plafond.

A la plume, rehaussé d'aquarelle.

FRAGONARD (D'après H.).

457. Le Baiser.

Ancienne peinture sur toile. A souffert.

GREUZE (J.-B.).

458. Étude d'une tête de jeune fille.

A la sanguine.

GRAVELOT (H.).

459. Concerts d'amateurs.

Deux très jolis croquis à la mine de plomb, dont l'un porte la mention
suivante : *Made a finished drawing of this for M Carbonelli 1731.*

JEAURAT (E.).

460. Étude pour les Citrons de Javotte.

A la pierre noire, sur papier gris.

LAINÉ.

461. Les Amusements de la campagne.

Deux dessins rehaussés d'aquarelle faisant pendants.

LANCRET ? (N.).

462. Étude de deux hommes debout.
A la sanguine.

LEPICIÉ?

463. Jeune Femme, vue de face à mi-corps.
A la sanguine.

LE PRINCE (J.-B.).

464. Une jeune femme assise sur un banc, dans un parc, joue de la mandoline; un jeune homme, assis près d'elle, semble la complimenter.
Au lavis d'encre de Chine, signé et daté : *Le Prince, 1779.*

LOUTHERBOURG (P.-J. DE).

465. *Emblèmes du théâtre dramatique.*
Grand [fleuron pour un ouvrage in-fol.
A la plume, lavé de bistre et d'encr Ce dehine. Signé.

NORBLIN (J.-B.).

466. Une marchande de poisson, sur un des quais de Paris, effet de nuit.
Au crayon noir et au lavis d'encre de Chine.

ORNEMENTS.

467. Dessin de console à deux motifs, époque Louis XV.
Au crayon rouge.

468. Dessins et croquis de flambeaux, époque Louis XVI.
A la plume, au crayon noir et à la mine de plomb.

469. Dessin de plafond, composition allégorique.
Au crayon rouge.

470. Cartouches. — Trophées. — Décorations intérieures. — Motifs d'orfèvrerie, etc. Vingt-six dessins et croquis, du XVIIe et du XVIIIe siècle.

470 *bis.* Un recueil comprenant un très grand nombre de dessins et croquis de vases, coupes et autres objets d'orfèvrerie, composés et dessinés à l'encre de Chine, sur fond noir, par P. Boudet, manufacturier.

OUDRY ? (J.-B.).

471. Études de bœufs debouts et couchés.

Deux dessins au crayon noir et à l'encre de Chine rehaussés de blanc.

PINELLI

472. La Discussion au cabaret. — Le Théâtre des Marionettes. — La Danse.

Trois aquarelles, la dernière est signée et datée 1814.

SAINT-AUBIN (G. DE).

473. Scène de la tragédie d'Iphigénie; dans le haut de la composition, une légende explicative.

Au crayon noir lavé d'encre de Chine, signé sur l'autel des initiales de l'artiste et daté *3 may 1774*.

474. Intérieur d'une petite salle de spectacle, au premier plan plusieurs figures de musiciens.

Au crayon noir.

475. Charmant petit cartouche orné, contenant les initiales de l'artiste? de chaque côté et dans l'intérieur du cartouche, une palette et un encrier, en dessus des figures allégoriques, audessous un médaillon emblématique.

Croquis à la plume et à l'encre de Chine relevé de bistre.

476. Jeune fille vue de face et de profil. — Jeune femme assise tenant un éventail à la main.

Deux dessins au crayon noir rehaussés de blanc.

SAINT-AUBIN (A. DE).

477. *Portrait supposé de l'artiste.*

Il s'est représenté à mi-corps, de profil et regardant un dessin; au bas, à la plume, la date de 1759.

Croquis à la mine de plomb.

SANDRART (J.-V.).

478. Encadrement, orné de figures allégoriques, pour un portrait ovale in-fol.

A l'encre de Chine. Signé.

LIVRES

479. *Bruin*. Civitates orbis terrarum, in æs incisæ et excisæ et descriptione topographica, morali et politica illustratæ, auctore Georg. Bruin. Coloniæ, 1572-1618. 6 tomes dont nous ne possédons que cinq (manque le sixième) en 3 vol. in-fol. demirel. dos et coins de vélin blanc.

> Ouvrage recherché pour le nombre considérable de plans et vues de ville du xvi° siècle gravées par *F. Hogenberg* et *Simon van den Nœvel* qui, en outre, ont illustré chacune de ces vues, de scènes où les costumes de l'époque sont représentés avec la plus rigoureuse exactitude.
>
> Notre exemplaire comprend 295 planches soigneusement coloriées, les tomes 1 et 2 sont incomplets de quelques feuillets.

480. *Le Comte* (H.). Costume civils et militaires de la monarchie française depuis 1200 jusqu'à 1820. *Paris, Delpech,* 1821. 380 planches lithographiées, en 5 vol. in-fol., carton.

> Ancien et bel exemplaire colorié.

Paris. — Typ. Chamerot et Renouard, 19, rue des Saints-Pères. — 36337.

Mr. Heseltine
204.
Hotel Continental